FABLE

The original title, *Fábula*, was first published in 2012 by Aristas Martínez, Badajoz, Spain. © 2012, Benito del Pliego (text) © 2012, Pedro Núñez (illustrations), © 2016, Sam Carter (translation), © Claudio de las Casas (back cover photo)

© of this edition: Quantum Prose, 2025

Editorial Director: Marta del Pozo
Editorial Advisor: Gregg Harper

ISBN: 978-0-9973014-6-5
Library of Congress Control Number: 2024945616

Quantum Prose is a 501 (c) (3) non-profit organization incorporated in New York City, NY.

quantumprosebooks@gmail.com
www.quantumprose.org

FABLE
Benito del Pliego
Pedro Núñez

~

Translated by Sam Carter

QUANTUM PROSE

Contents

Fábula / Fable

La voz del oído / The Voice of hearing

Apéndices / appendixes

    Sobre las diversas formas de consulta / On the Various Methods of Consultation
    Sobre las imágenes/ About the Images
    Reconocimientos / Acknowledgments
    Identificaciones / Identifications

FÁBULA

~

FABLE

To Benito del Pliego Jiménez

Todo, en la naturaleza, tomaba aspectos nuevos, y unas voces secretas salían de la planta, del árbol, de los animales, de los más humildes insectos, para aconsejarme y alentarme. El lenguaje de mis compañeros tenía giros misteriosos, pero yo comprendía su sentido; hasta los objetos sin forma y sin vida se prestaban a los cálculos de mi espíritu; de las combinaciones de guijarros, de las figuras de ángulos, de grietas o aberturas, de las rasgaduras de las hojas, de los colores, de los olores y de los sonidos, veía brotar harmonías hasta entonces desconocidas. ¿Cómo he podido existir tanto tiempo fuera de la naturaleza y sin identificarme con ella? me decía.

Gerard de Nerval
(trad. Mario Monteforte Toledo)

Everything in nature took on a new dimension; secret voices called out to me in warning and encouragement from plants, trees, animals and the tiniest of insects. I could grasp the mysterious turns taken by the language of my companions; shapeless and lifeless objects were effortlessly weighed in my mind; harmonies that had heretofore escaped me now issued forth from the configurations of stones, angles, cracks, apertures, leaf patterns, colours, smells and sounds. I said to myself: how could I have gone on living this long so removed from nature and unable to identify with it?

Gérard de Nerval
(trans. Richard Sieburth)

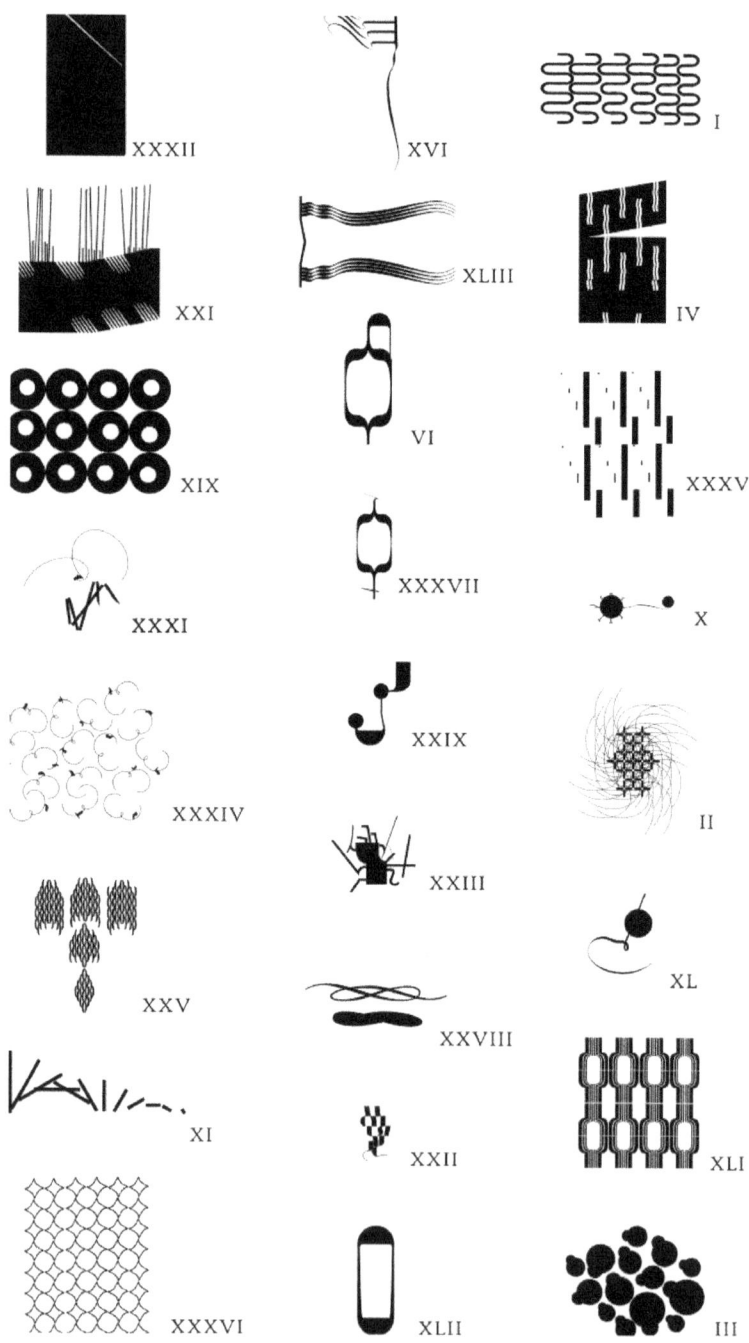

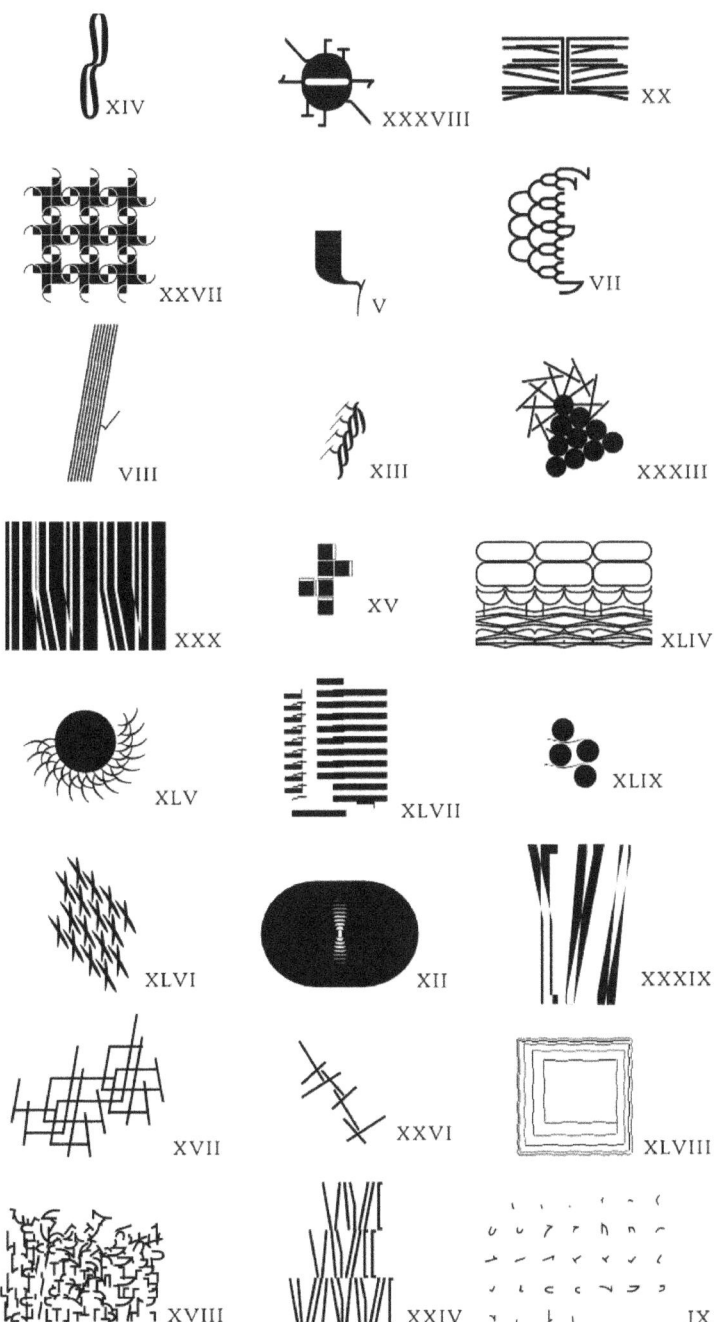

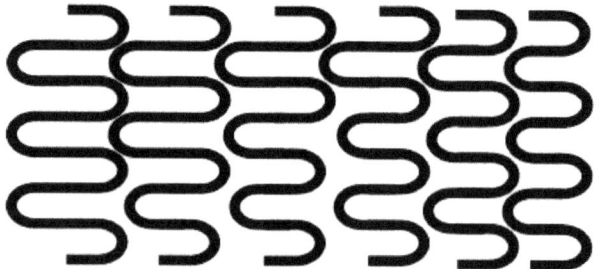

EL AGUA

—El deseo es verdad que nadie detiene: sumerge a todo el que se interpone. Cualquier contra es cauce en su carrera hacia la mar. Siempre por el camino de menor resistencia.

Las gotas son el origen del río; cantan unidas cuando el cauce se las lleva.

Al nadador, que monta el agua sin rienda ni brida, ¿de qué le servirá querer frenar la fuente? Y si lo intenta, ¿qué podría el agua responder? Nada.

THE WATER

—Desire is truth nobody restrains; it submerges all that intervenes. Anything in the way channels it in the race seaward. Always by the path of least resistance.

The drops are the origin of the river; they sing together when the channel carries them away.

For the swimmer, who rides the water without rein or bridle, what good will come from wanting to slow the spring? And if she tries, what could the water say in response? Nada.

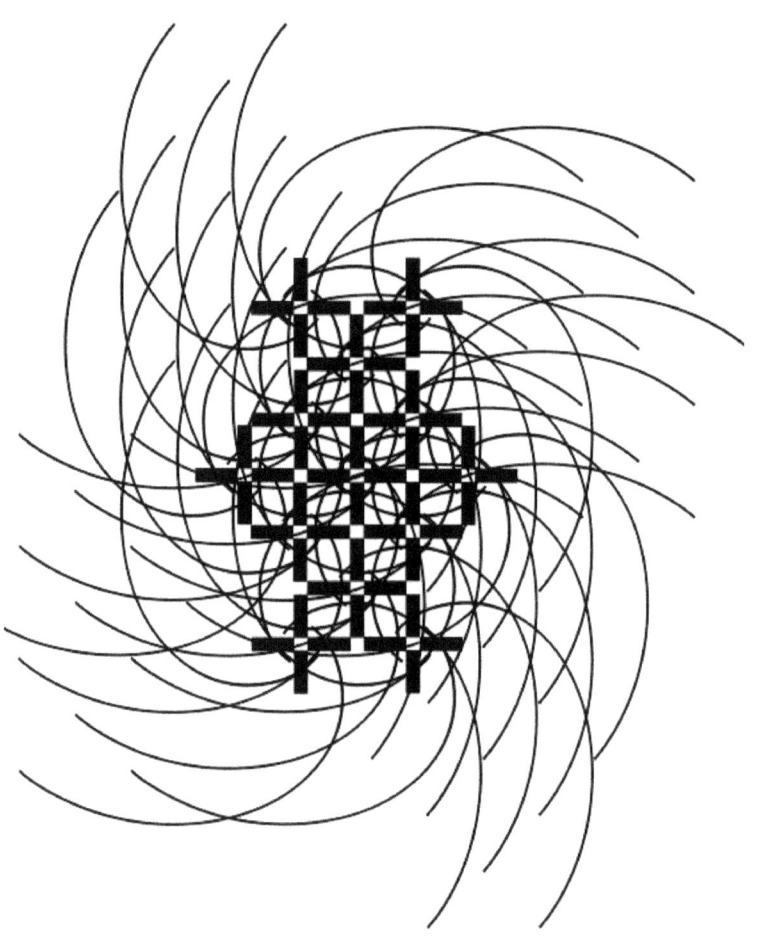

LA ARAÑA

—La red es memoria que todo lo envuelve, y todo lo trae hacia sí y en sí lo conserva y lo atrapa. Lo que roza su borde toca el centro mismo.

Repites tu malla y cuando intentas variar tu patrón, reincides, porque ninguno es mejor que el que te ata.

Sólo el equilibrista puede escapar; el equilibrista, que se juega la vida cuando pone en peligro las vidas ajenas.

THE SPIDER

—The web is memory that envelops everything, brings it all toward itself, conserves it all within itself and traps it. What brushes its border touches the center.

You repeat your spinning, and when you try changing your design you relapse, because none is better than the one that binds you.

Only the tightrope walker can escape — the tightrope walker, who puts his life at risk when putting others in danger.

EL AZÚCAR

—También lo dulce se corrompe y hiede. No hagas nunca promesas de amor.

Un poco de dulzura para la medicina; un poco basta para el veneno.

Pero puestos a morir, mejor hacerlo con la miel en los labios.

THE SUGAR

—*Sweet things also rot and reek. Never make promises of love.*

Just a little bit of sweetness for the medicine; a little's enough for the poison. But when death nears, it's best to honey your lips.

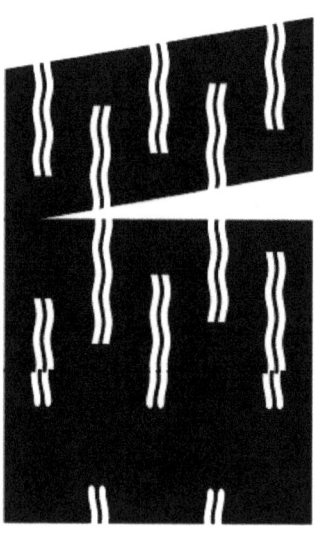

LA BALLENA

—La torpeza de los grandes causa compasión en los pequeños; les acerca que el poder sea vulnerable y fácil el desequilibrio.

Una perla desprendida no conmueve, pero un barco a la deriva inclina todas las cabezas.

Ser como la voz de la montaña, que es difícil de escuchar, pero en mitad de la tormenta, suena profunda.

THE WHALE

—*Clumsiness in the large ones inspires pity in the small; it dawns on them that power is vulnerable and imbalance easy.*

A loose pearl doesn't stir us, but a boat adrift turns everyone's head.

To be like the voice of the mountain, which is difficult to listen to, but in the middle of the storm sounds deeply.

EL BUEY

—Ni pica ni inclemencia son dolor. Duele saber que se traza un solo surco y que plantas, una y otra vez, lo recogido.

La punzada mayor, la misma punzada; y del más intenso frío — la memoria— no podemos guarecernos.

El arado se traba siempre en la raíz donde se traba el arado, pero el tropiezo no hace más romo el filo ni la línea que trazó más duradera.

THE OX

—Neither goading nor severity is pain. It hurts to know just one furrow is drawn and you sow, over and over, the same harvest.

The greatest stab, the same stab; and from the most intense cold — memory — we can't find refuge.

The plow always gets tangled up in the root that tangles up the plow, but the setback doesn't make the blade any duller or the line it traced any more lasting.

EL BUITRE

—Para vivir aquí hay que saber a muerto.

No basta sentir su hedor; hay que desearlo y entrar en él; acariciar su piel hasta la llaga, del vientre beber, dejar correr la baba mientras devoras.

Para vivir aquí hay que asomarse al espejo y roerse la cara.

THE VULTURE

—To live here you must taste of death.

It's not enough to feel the stench; you must desire it and enter it; caress the skin up to the sore, drink from the womb, let the saliva drip while you devour.

To live here you must lean into the mirror and gnaw on your face.

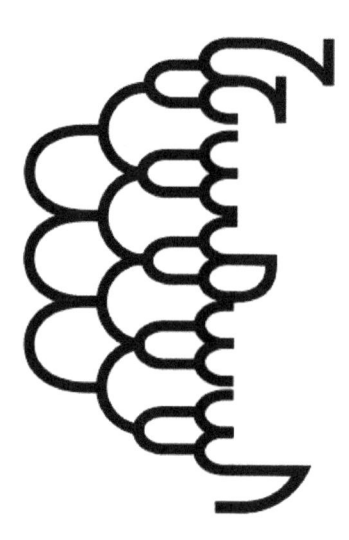

EL BURRO

—El que solo ve lo que se busca no sabe ver a los que encuentran.

Tocar la flauta tras aprender no tiene mérito.

Quien la toca por azar sabe de un saber mayor y repentinamente entiende.

THE DONKEY

—The one who sees only what he seeks doesn't know how to see the ones who find. Playing the flute after learning has no merit.

Anyone who plays it by chance knows of a higher knowledge and suddenly understands.

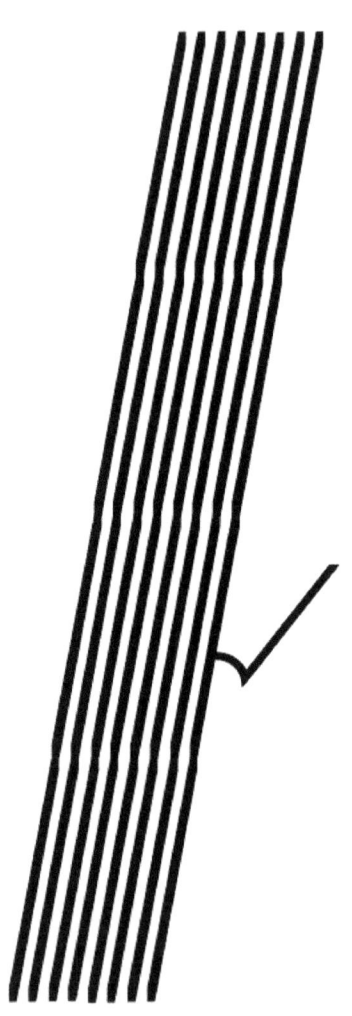

EL CABALLO

—Mienten quienes dicen que son libres porque nadie les maneja. Oigo decir que hubo caballos sin amo, pero pienso en sus jinetes.

También el que clava tu herradura y te ensilla lleva a lomos la bota que le espolea.

THE HORSE

— They lie when they say they're free because no one holds their reins. I hear there were once horses without masters, but I think about their riders.

The one hammering in your horseshoes and saddling you is also spurred on by someone else's boots.

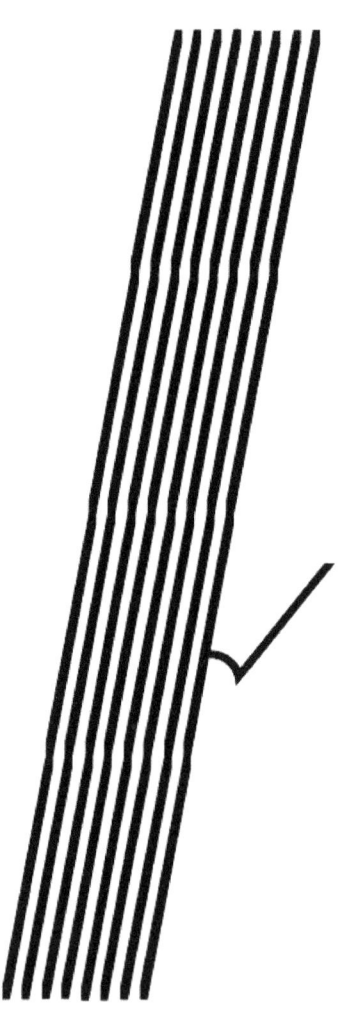

EL CALENDARIO

—La espera todo lo desborda y lo anula. No hay ceguera mayor que mirar a lo lejos.

El mundo es rutina y la sorpresa está prevista. Quien se empeña en hacer del trabajo una fiesta puede teñir de rojo sus días.

THE CALENDAR

—The wait overwhelms everything and annuls it. There's no greater blindness than looking off into the distance.

The world is routine and surprise is foreseen. Whoever insists on turning work into holiday can mark all his days red.

EL CAMALEÓN

—Ni el ser ni el parecer te pertenecen: lo ajeno es lo que te hace y te transforma.

Si miras a fondo, despreocupado del color de los ojos con que miras, lo que ves te libera.

La verdadera pasión, la pasión del instante, adelanta la disolución final, que es camuflaje perpetuo.

THE CHAMELEON

—Neither being nor seeming belong to you: the surroundings make and transform you.

If you look closely, unworried about the color of the eyes you use to look, what you see liberates you.

The true passion, the passion of the moment, advances the final dissolution, which is perpetual camouflage.

EL CARACOL

—El que tenga ojos para ver que los invierta.

No hay más habitación que uno mismo; una choza sin luces puede ser castillo y su carga el eje que te une.

Al fin, el que pasa las horas habitándose llega a confundir lo interior con lo ajeno.

THE SNAIL

—He who has eyes to see, let him invert them.

There's no more room than oneself; a hut without lights can be a castle and its weight the axis that frames you.

In the end, the one who spends hours inhabiting himself begins to confuse inside and out.

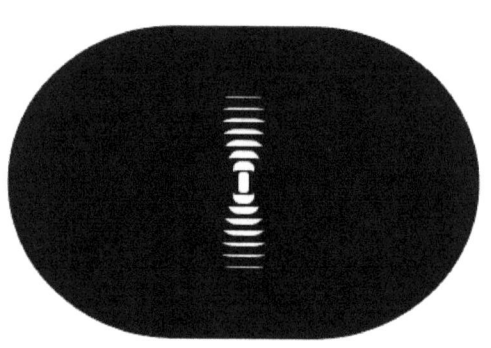

EL CAZO

—Lo que contienes no basta: un minuto de más y tu propio entusiasmo apaga tu fuego.

"Simple como un anillo" —dirá quien desconoce; cambia de opinión quien entra: el fondo está en contacto con las llamas.

THE PAN

—*What you contain isn't enough: a minute more and your own enthusiasm extinguishes your flame.*

"Simple like a ring" the unknowing ones will say, whoever enters changes his mind: the bottom is in contact with the flames.

EL CIERVO

—Mira primero, silencia tu paso. Una gota de agua, una rama que cae, viento entre las hojas... Desde todas partes te apunta lo que caza.

El preso en la noche excava, secreto y desvalido; dispara contra él dardos la desconfianza.

THE DEER

—Look first, silence your step. A drop of water, a falling branch, wind among the leaves ... From all sides what hunts takes aim at you.

At night the prisoner digs, silent and helpless; suspicion fires darts at him.

EL CORDERO

—No hay para el feroz mejor disfraz que la piel del manso.

El que reina en el terror es, más que nadie, esclavo de sus súbditos. Sólo el amor se apodera por completo de sus víctimas.

La sangre del guerrero la borra la saliva del poeta; la del sumiso nadie la enjuaga: se extiende en la conciencia y desde la conciencia mata.

THE LAMB

—There's no better disguise for ferocity than the ram's coat.

The one who reigns in terror is, more than anyone else, slave to its subjects. Only love completely seizes its victims.

The blood of the warrior dissolves in the poet's saliva; but that of the meek nobody swills: it spreads into the conscience and from the conscience kills.

It isn't easy to be a lion, but it's much more difficult to be a lion being a lamb.

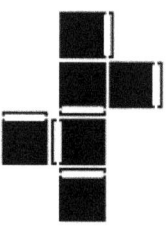

EL DADO

—Apuesto que le preocupa el destino y que el sabio no adivina la tirada; quizás el poeta.

Tiene razón quien dice: "El resto del poema es el futuro, que existe fuera de vuestra percepción".

Aunque podría decir: "En el destino, no en el dado de oro".

Y está bien. Cada jugador tiene su baza.

THE DIE

—I bet that fate worries the wise man and that he doesn't guess the throw, perhaps the poet. You're right if you say "the rest of the poem is the future, which exists outside your perception." Although one could say: "In fate, not in the golden die."

And that's fine. Every gambler has his trick.

EL DELFÍN

—No es raro que los hombres te confundan con sirenas: lo hermoso se asemeja a la mitad mejor de quien lo avista.

Es la otra mitad la verdadera: la concha, y en su interior, la perla. Esta es la parte que quien ve, tan solo atisba.

THE DOLPHIN

—It's not rare for men to confuse you with mermaids: beauty resembles the beholder's better half.

The other half is the true one: the shell, and inside it, the pearl. This is the part that anyone looking only just makes out.

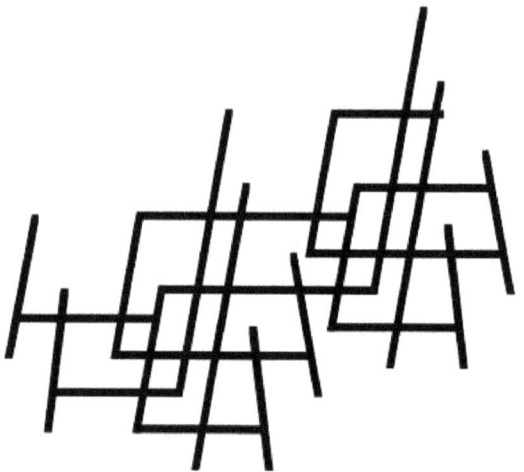

LA ESCALERA

—Ser lo que piensa es el logro y el dolor de la escalera, ascensión y caída para ir de uno mismo a uno mismo.

Ocuparse del viaje mientras se viaja es tarea de peldaño; para un peldaño, subir o bajar no tiene importancia.

Si miras tus pies al avanzar y no avanzas, tropiezas.

THE STAIRCASE

—Being what thinks is the success and the pain of the staircase, rise and fall to go from oneself to oneself.

Taking charge of the trip while it's traversed is the job of a step; for a step, going up or down doesn't matter.

If you look at your feet while advancing and don't advance, you stumble.

EL ESTIÉRCOL

—Alimentarse es cosa oscura. Algunos no lo ven. Dicen que el cuerpo es desecho y las palabras basura. Pero remueve la tierra y mira. Después levántala a la cumbre.

Nada te separa de la altura. Inmensas son las minucias.

THE MANURE

—*Feeding is an obscure thing. Some don't see it. They say the body is waste and words are trash. But stir the earth and look. Then bring it up to the top.*

Nothing separates you from the heights. Immense are the small things.

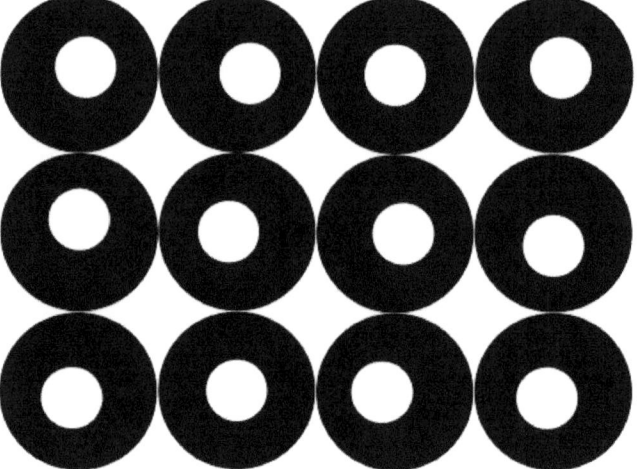

LA GALLINA

—Para escapar con vida cuentas con tus obras. Si te dan y te dan sin pedir nada a cambio, sospecha.

Nunca seas tú lo mejor de ti misma; lo mejor de ti misma es lo que todos buscan: si no te entregas de una vez, serás esclava, pero la esclavitud prolongará tu vida.

THE CHICKEN

—*To escape alive, you count on your work. If they keep treating you well and ask nothing in return, be suspicious.*

You'll never be the best of yourself; the best of yourself is what everyone seeks: if you don't surrender once and for all, you will be a slave, but slavery will extend your life.

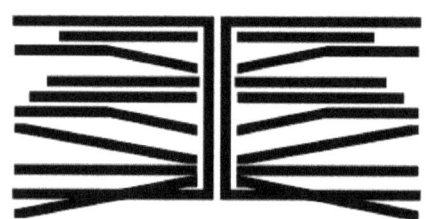

EL GATO

—La pupila que vio la sombra en la noche refleja en su galaxia el brillo de otros astros; la que atrapa un bosque desde la ventana y sueña el gorjeo del pájaro.

No parpadea la efigie esmaltada de un gato.

¿De qué sirve ladrar a la luna? Hace falta no inmutarse para alcanzarla.

THE CAT

—The pupil that saw the shadow reflects in its galaxy the brightness of other stars; the one that traps a forest from the window and dreams the bird's warbling.

The enameled effigy of a cat doesn't blink.

Why howl at the moon? Stay calm so you can reach it.

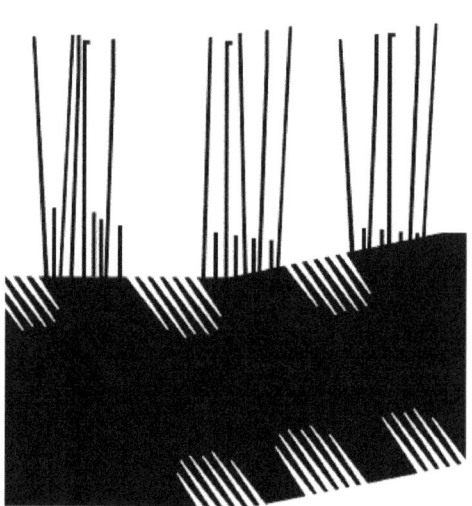

LA GOTERA

—Los tejados no te cubren de lo que el matraz destila. El tiempo es fruta que espera sazón. Algo dice que pediste menos de lo que merecías.

Sobre el mantel, un grano de sal es mar. Por una gota el fogonero sabe que allí fuera está lloviendo.

THE LEAK

—The roofs do not protect you from what the flask oozes. Time is a fruit awaiting seasoning. Something says you asked for less than you deserved.

Above the tablecloth, a grain of salt is sea. Just a drop and the stoker knows it's raining out there.

EL GRILLO

—Quien aplasta con su pie al insecto que entró por una grieta y le incomoda con su ruido, escuchará después, más claramente, el misterio de la oscuridad y el vasto vacío del campo.

Lo difícil de escuchar suele ser lo que con más frecuencia y desazón se escucha.

THE CRICKET

—Anyone who uses his foot to squash the insect that entered through a crack and made him uncomfortable with its noise will listen later, more clearly, to the mystery of darkness and the immense emptiness of the countryside.

What's difficult to hear is often what with greater frequency and unease is heard.

LA HORMIGA

—Lo pequeño encierra grandes dimensiones. No hay nada que no sea hormiga sin dejar de ser, al mismo tiempo, lo que sea.

Mis manos: yo; la hilera que bulle en el tronco del árbol: yo; y los granos de trigo, y el de arena, y las hojas de parra...

Tenemos perfiles complejos que el ojo no ve ni la cabeza alcanza. Qué importa: ceguera y desazón también somos yo misma.

THE ANT

—Small things enclose large dimensions. Everything's an ant without ceasing to be, at the same time, what it is.

My hands: I; the row bustling in the tree's trunk: I; and the grains of wheat, and the one of sand, and the leaves of the vine ...

We have complicated profiles the eye can't see, and the head doesn't reach. What does it matter; blindness and unease are also me.

LOS HUESOS

—Difícil ver lo que sostiene: la blancura expuesta al sol es cegadora. Afuera lo blando, lo blando afuera es propicio.

Lo que no cede al embate se quiebra, es cierto, pero aún quebrado permanece.

Nada guarda una caña y rebosa melaza. Para sonar, la flauta debe deshacerse de su médula.

THE BONES

—*It's difficult to see what supports: whiteness exposed to sun is blinding. Outside is the soft, the soft outside is promising.*

What doesn't yield to the battering breaks, it's true, but even broken it remains.

Nothing guards a shaft and oozes molasses. To sound, the flute must dispose of its marrow.

LA LANGOSTA

—Aunque con armadura y casco tu enemigo se proteja y esgrima contra ti toda su ofensiva, si eres grande, jamás podrá superarte en tamaño.

Sin embargo, lo minúsculo multiplicado sin límite es letal. Siendo lo pequeño mucho le bastará para acabar contigo el dedo de una mano.

THE LOCUST

—Even if your enemy protects himself with helmet and armor and wields his entire offensive against you, if you are large, he will never surpass you in weight.

But minuscule things multiplied limitlessly are lethal. Being many, small things need just one finger to finish you off.

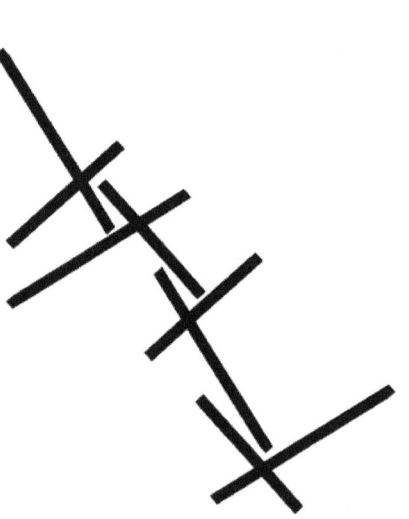

EL LIBRO

—Nunca nada escapa a su origen, así lo camufle con dichos y actos.

La tinta diluye una piedra, las páginas son árbol. Quien grabó en su tronco un nombre ve que las palabras son verdad agrietada por el tiempo: "Yo estuve aquí" decían; "Que en paz descanse" dicen ahora.

THE BOOK

—Nothing ever escapes its origin, so it camouflages it with sayings and acts.

The ink dissolves a stone, the pages are tree. Anyone who carved a name in its trunk sees words are truth cracked by time. "I was here" they once said; "May he rest in peace" they say now.

EL LOBO

—"Aléjate de los demás y te contaré los misterios del Reino". Me gusta decir al rebaño.

Boca hambrienta nunca ofende; es peor la caperuza, que acapara y acapara.

Una mancha de sangre le mancha a cualquiera (ya se sabe: el lobo es hombre para el lobo). La maldad es del que sueña corderos paciendo entre fieras.

Serloqueseesanadiemata,anoserque seas un asesino.

THE WOLF

—*"Step away from the others and I shall tell you the mysteries of the kingdom," I like to say to the flock.*

A hungry mouth never offends; worse is the hood, which hoards and hoards.

A stain of blood stains anybody (it's already known: the wolf is man for the wolf). The wickedness comes from the ones dreaming of lambs grazing among beasts.

Being what you are kills nobody, unless you're a murderer.

LA LOMBRIZ

—La oscuridad que te protege, el laberinto, es alimento y aire: trama (confusa) de la vida. Dibuja un cuerpo el perfil de tu cuerpo y en su trazado te justificas.

Cuando un dilema te abrume divídete y enriquece. No temas dejar de ser lo que no eres.

Si la duplicidad te angustia, recuerda que de noche es difícil dar con tu camino, y si lo hallas, que será fácil volver a perderlo.

THE WORM

—The darkness that protects you, the labyrinth, is sustenance and air: (confused) web of life. A body draws the profile of your body and in its outline you excuse yourself.

When a dilemma overwhelms you, divide and enrich. Don't fear ceasing to be what you are not.

If duplicity worries you, remember that at night it's difficult to find your path and, if found, that it will be easy to lose it.

EL LORO

—Para el que aprendió las del que manda, la oportunidad de usar la voz abunda.

Aumenta con ruido la confusión de las tabernas, repítele hasta hartarte estas palabras; repítelas, repíteselas, repite lo siguiente: "bello", "justo", "verdadero"... Y si aún así nadie se ríe, arrecia el tono hasta que alguno arroje pipas.

THE PARROT

— For the one who learned them from the one who commands, opportunities to use the voice abound.

Noisily increase the confusion of the taverns, repeating yourself until these words infuriate you, repeat, repeat them, repeat these words: "beautiful," "just," "true" ... And if still nobody laughs, sharpen your tone until someone casts some seeds.

LA MADERA

—Resquebrajarse no es tarea para el sueño; la grieta requiere días. El agua penetra en lo que el sol caldea, y sobre el bálsamo de la humedad, llega el cincel del musgo. Nada me libra de seguir creciendo, hoy hacia la nada como ayer hacia la luz.

Descomponerse es trabajo laborioso, es un segundo nacimiento.

THE WOOD

—Splitting isn't a task for dreaming; the crack requires days. Water penetrates what the sun heats, and on humidity's balm the moss's chisel arrives. Nothing frees me from continuing to grow, today toward nothing like yesterday toward the light.

Rotting is a strenuous job; it's a second birth.

LA MANTIS RELIGIOSA

—No es mejor quien toma por asalto lo dormido y hunde así sus manos tajadoras.

El cazador espera, excitado por el miedo, la llamada de su presa; afila con cuidado sus dedos y antes de darse a morir, le reza.

THE PRAYING MANTIS

—The one who startles those asleep, and so destroys with his sharpening hands, isn't any better.

Aroused by fear, the hunter awaits the call of her prey; carefully she files her fingers, and before she devotes herself to death, she prays.

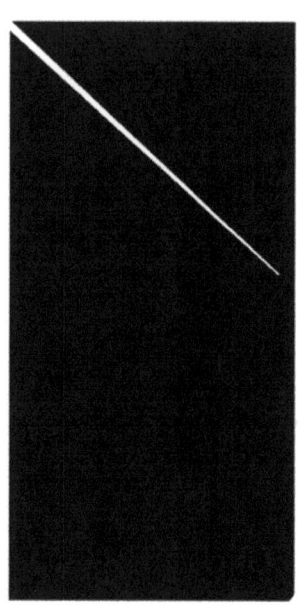

EL MAR

—La vida se acompasa a un ritmo que repite esta sentencia: si-no, tú-yo. También resuena en el tic-tac de los relojes.

La sencillez encanta; a los de fuera los atrae y los desnuda. Repiten frente a ti el ritmo de la vida. En su palpitar se perpetúan.

THE SEA

—Life marches to a rhythm repeating this saying: yes-no, you-I. The tick-tock of watches also echoes it.

Simplicity enchants; it attracts and undresses outsiders. In front of you they repeat the rhythm of life. In their throbbing they perpetuate themselves.

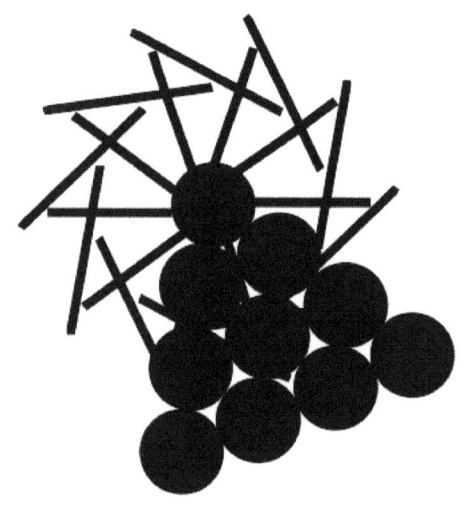

EL MONO

—La ilusión invierte el mundo y le dota de sentido. Hace de una cara un culo y de la luna hundida en la rueda del pozo, un espejo de plata donde miramos.

Pero la ilusión no tiene objeto: el que pasa las noches colgado de un árbol, cae si sus ramas se quiebran. Mira con fijeza este reflejo y verás tu cadáver flotando.

THE MONKEY

—Illusion inverts the world and gives it meaning. It makes of a face an ass, and of the moon sunk in the well's pulley a silvered mirror where we watch ourselves.

But illusion has no aim: the one who spends nights hanging from a tree falls if its branches break. Look closely at this reflection and you'll see your cadaver floating.

LA MOSCA

—La insistencia es virtud y condena. "Insiste en tu ruina y encontrarás tu salvación" —dejó dicho un poeta.

Se acepta el hambre y el frío, pero la insatisfacción es cuchillo que se clava uno mismo.

Un mundo pequeño y miserable, el deseo lo transforma en rica miel: ella nos incita y ella nos sacia, ella también nos entierra.

THE FLY

—Insistence is virtue and conviction. "Insist in your ruin and you'll find your salvation" —a poet said.

Hunger and cold are acceptable, but dissatisfaction is the knife you stab yourself with.

A small and miserable world, desire transforms it into rich honey: it provokes and satisfies us, it even buries us.

LA NIEVE

—Todo lo que cerca, lo que envuelve, es espacio donde el mundo toma la obsesiva forma de una idea, espejo que cubre de azogue abismal su reflejo.

Esta página de luz es también oscuridad sin límite.

THE SNOW

—All that encloses, that envelops, is space where the world takes the obsessive form of an idea, a mirror covering its reflection with vast quicksilver.

This page of light is also limitless darkness.

EL OLIVO

—No des lo tuyo en una fruta; multiplícala en cien, en mil, en millones.

Trigo que se desgrana para los panes, árbol en el bosque de árboles; olivo aliado a olivo de Jaén en Jaén, de Córdoba en Córdoba.

Porque no es más el que más se contiene, es más quien se da a más sed.

THE OLIVE TREE

—Don't give yours in a fruit; multiply it by a hundred, a thousand, a million.

Wheat shelled for bread, tree in the forest of trees; olive tree allied with olive tree from Jaén to Jaén, from Córdoba to Córdoba.

Because the best doesn't restrain himself the most; the best succumbs to the most thirsts.

LA PALOMA

—Lo que baja y come de tu mano, mide en ese gesto su poder y tu ternura.

Un arrullo celebra lo que no eres, y el canto te recuerda por qué no lo cantas.

El ojo conmovido que te ve, es ventana para el ojo que te acecha. Esta palma donde comes confiado, ¿es su cepo o el tuyo?

THE DOVE

—Whatever descends and eats from your hand, measure in that gesture its power and your tenderness.

A cooing celebrates what you are not, and the song reminds you why you don't sing it.

The affected eye that sees you is a window for the eye that spies on you. This palm where you eat trustingly — its trap or yours?

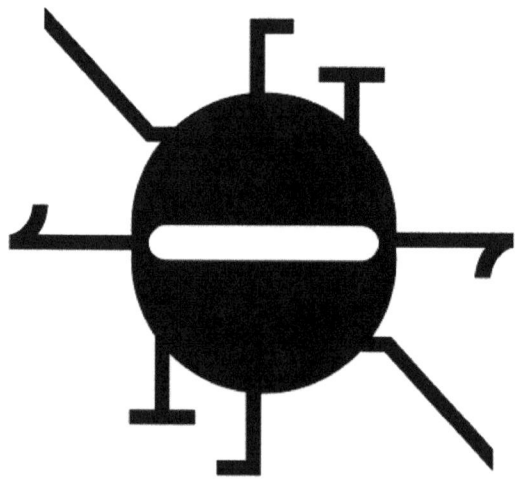

EL PERRO

—Arde la fidelidad con fuego mortecino. La felicidad que la fidelidad aporta es prodigiosa (y su capacidad de descomposición, inmensa).

Quien pinta un perro en una lápida sabe que aguardar es pérdida; la espera es un placer que surge de la nada.

El que ama el pan que dio la mano, amenaza a quien a la mano amenace; si son sus fauces la amenaza, la boca puede amenazarse a sí misma.

THE DOG

—Faithfulness burns with a weak flame. The happiness that faithfulness offers is prodigious (and its capacity to decompose immense.)

Anyone who paints a dog on a gravestone knows to await is loss; the wait is a pleasure that arises from nothing.

The one who loves the bread given by the hand threatens whoever threatens the hand; if the jaws are the threat, the mouth can threaten itself.

LAS PINZAS

—No ser lo que sujeta, ser el aferrarse mismo. Sostenerse da la forma, da motivo.

Metáfora del hambre, metáfora del estrangulamiento.

Perdura la angustia cuando la pérdida se pierde ahogada en brazos de la melancolía.

THE CLOTHESPINS

—Not being that which holds, being the clinging itself. Sustaining gives form, gives motive.

Metaphor of hunger, metaphor of strangling.

Anguish remains when loss loses itself, drowned in melancholy's arms.

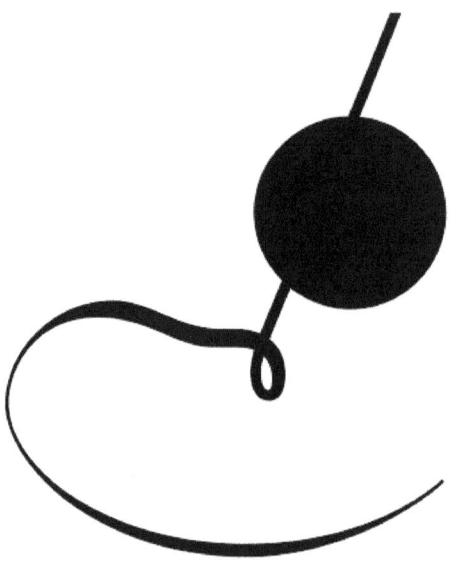

EL PIOJO

—Sobre lo indiscutible es mejor guardar silencio.

La inquietud crece en ti, vive de ti y te habita. Para librarse acaso la única salida es cortarse la cabeza. Si no lo quieres así, más vale que aprendas a cuidar de ella.

THE LOUSE

—It's best to keep quiet about the indisputable.

Restlessness grows in, lives off, and inhabits you. To escape perhaps the only departure is to cut off your head. If you don't like that way, you better learn to take care of it.

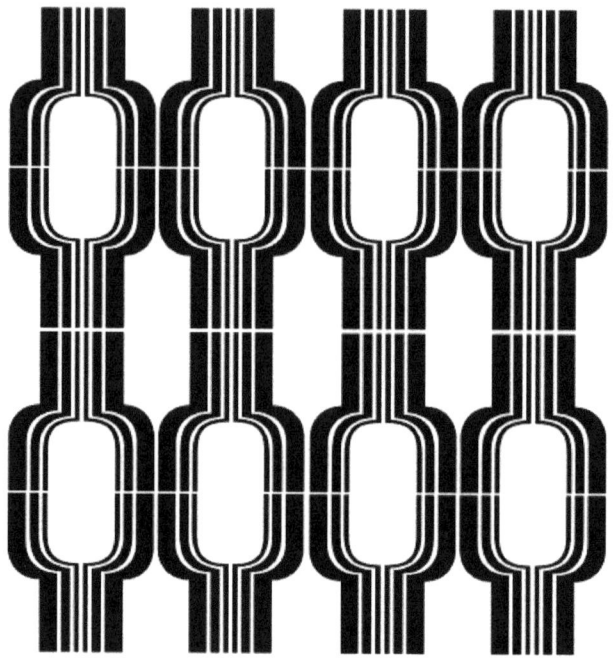

LA RANA

—Quien vive a la orilla repite siempre el mismo canto. Un sonido basta cuando el eco hace a cada cual oírse.

No vale la pena ver mundo: cruza esta línea y viaja. Agua y tierra son frontera, frontera son madurez e infancia.

THE FROG

—Anyone who lives on the shore always repeats the same song. One sound is enough when the echo lets each one be heard.

It's not worth seeing the world: cross this line and travel. Water and earth are borders, borders are maturity and infancy.

LA SAL

—Destrucción / satisfacción: todo es cuestión de medida.

Apropiado en su lugar, fuera de sí, desterrado. Para un pez lar. Sobre el saber, luz. Salacidad, derramada sin ton. A quien la bebe en otra piel, delicia; deshecho el amor, desdicha.

De "agrado" a "agriado" una "i", una "i" con un solo punto: un grano solo de sal.

THE SALT

—Destruction / satisfaction: everything is a question of measurement.

Suitable in its place, outside itself, exiled. For a fish, hearth. Over knowledge, light. Salaciousness, spilled without reason. For anyone who drinks it in another skin, delicacy, exhausted love, adversity.

From "all" to "ail" an "i", an "i" with only one point: a single grain of salt.

EL SALMÓN

—Es difícil avanzar cuando solo quieres remontarte.

Luego descubres que detrás no queda nada y que el futuro tiene bastante origen.

A veces te sientes perdido como naufrago en el mar; a veces piensas que quien quiere huir nunca va más allá de sí mismo.

THE SALMON

—It's hard to move forward when you only want to go against the current. Later you discover that nothing remains, that the future has countless origins.

Sometimes you feel like a shipwrecked sailor; sometimes you think anyone who wants to flee never goes further than herself.

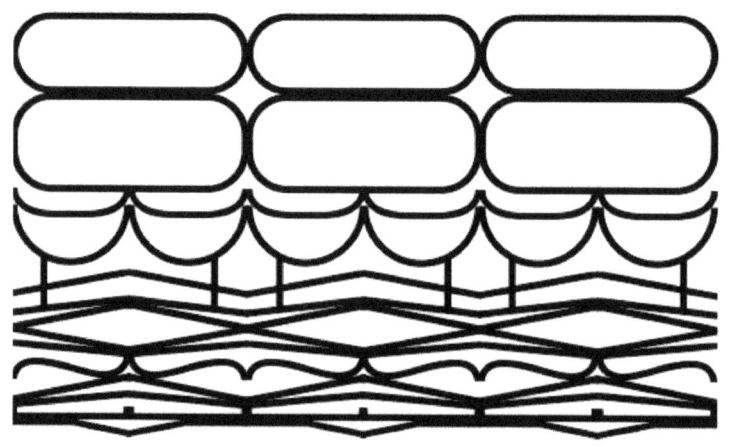

LA SOMBRA

—Tenaces como ideas, como el metal efímero; así son los libros y la montaña.

Quien mira la sombra y no ve, no es de este mundo. Con peor memoria otros se percatan de mí y saben por mí de lo que no existe.

Trampilla para congraciar con tus deshechos. Sé la figura del vacío.

THE SHADOW

—Tenacious like ideas, like metal ephemeral; that's how the books and the mountain are.

Anyone who looks at the shadow and doesn't see isn't from this world. Others with worse memory notice me and know through me of what doesn't exist.

A trapdoor to ingratiate yourself with your remains. I know the figure of emptiness.

EL SOMBRERO

—El sabio se oculta, el saber es indigno. Quien de veras tiene qué decir, no actúa a rostro descubierto.

No es prudente exponerse: tesoros y culpas se entierran. Cadáver o filón, y comienza la tragedia. Muestra solo sombras, a la luz solo lo que encubra.

Pero (advertencia capital) lo que se esconde bajo tierra también se pudre.

THE HAT

—The wise man hides, knowledge is unworthy. Anyone who really has something to say, doesn't do so uncovered.

It's not prudent to be exposed: treasures and faults bury themselves. Cadaver or vein, and the tragedy begins. Show only shadows, to the light only what covers.

But (a capital warning) what hides under the earth also rots.

LAS TIJERAS

—Unión de dos y división de muchos.

Quienes se juntan y de continuo se rozan forman un único filo. No te interpongas entre los que así se quieren: el hambre de matar se ensañará contigo.

THE SCISSORS

—Union of two and division of many.

Those who join together and constantly graze each other form a single blade. Don't get between those who love each other like this: the hunger to kill will show you no pity.

LA TORTUGA

—Vejez es don de calma.

Más veloz quien sabe lo que busca que quien llega y, una vez allí, espera. Otros caminan o duermen según sea de noche o de día; el paso que marcan los sueños progresa dormido. La lentitud da coraza a la cordura.

El remanso no se ahoga en la corriente.

THE TORTOISE

—Old age is a gift from calmness.

Someone who knows what he seeks is faster than the one who arrives and, once there, waits. Others walk or sleep according to whether it's day or night; the pace that dreams set progresses asleep. Slowness gives shell to sanity.

The pool doesn't drown in the current.

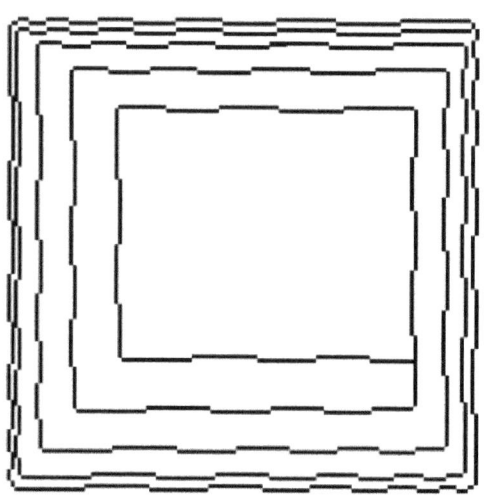

LA VENTANA

—Es difícil ver el yo cuando dentro y fuera son afuera; adentros y afueras del ojo que ve su vista.

Ser umbral donde lejanía y vecindad se juntan. Que el yo ponga a cada cual frente a sí mismo.

THE WINDOW

—It's hard to see the ego when in and out are outside; inside and outside the eye seeing its sight.

To be the threshold where distance and proximity join. May the ego place each one in front of itself.

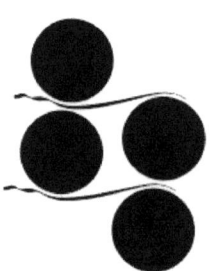

LOS ZAPATOS

—Un hueco es un lugar y un zapato un hueco donde caben multitud de direcciones.

El camino que atestigües hoy lo desatestiguarás mañana. Y pese a todo, tu puntera será el hito que se oponga a tus talones.

La boca misma es un zapato que se calza el vacío.

THE SHOES

—A gap is a place and a shoe is a gap where many directions fit.

The path you witness today you unwitness tomorrow. And despite all this, your toe will be the milestone opposing your heels.

The mouth itself is a shoe emptiness puts on.

LA VOZ DEL OÍDO

~

THE VOICE OF HEARING

To Ramona Aparicio

... pero se desvanecen y vuelven inaudibles cuando entramos en el mundo.

R. W. Emerson
(trad. Javier Alcoriza)

... but they grow faint and inaudible as we enter into the world.

R. W. Emerson

—Puedo decir lo que diga la ignorancia: no desdeñes el saber que da la nada.

Lo que resta es ceniza y en la ceniza no hay palabras; ni siquiera en ti, que te empeñas en cubrirlo todo con ellas.

—I can say what ignorance says: don't spurn knowledge that offers nothing.

What remains is ash and in ash there are no words; not even in you, who insists on covering everything with them.

—¿Quién detendrá el tren que te atropella en el vacío?

Este es el pago por hacer de ti tu propia rueda, tu raíl: oír sólo tu voz, vivir un mundo saturado por tus ecos.

—Who will stop the train that knocks you over in the emptiness?

This is the cost of acting as your own wheel, your own rail: hearing only your voice, living in a world saturated with your echoes.

—Si el ánimo se vence sobre ti, todo está perdido.

En la pobreza dilapida tu fortuna; de los días de dolor, haz una fiesta, y de la ingenuidad y el sueño, tu guía.

—*If the spirit overcomes you, everything is lost.*

In poverty, squander your fortune; turn days of pain into carousal, and naiveté and dream into your guide.

—Palabras sin fondo, palabra sencilla; en ella cabe lo que resta al saber que en lo dicho no hay nada.

¿Oyes la sencillez de lo que habla?

—Words without content, plain word; in it fits what remains of the knowledge that in the said there isn't anything.

Do you hear the simplicity of what speaks?

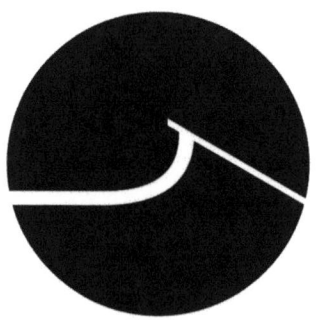

—Dudar es excusa para rendirse tras haber resistido: resistencia y rendición, una sola renuncia.

Te asusta; temes que la piel, frágil como ceniza, se quiebre y desenmascare.

Así, después de oírte, después de re- tenerte, vuelves a escuchar a quienes desconfían.

—Doubting is an excuse to surrender after resisting: resistance and surrender, a lone resignation. It scares you; you fear that the skin, fragile like ash, breaks and unmasks.

So, after hearing yourself, after holding yourself back, you listen again to whoever questions.

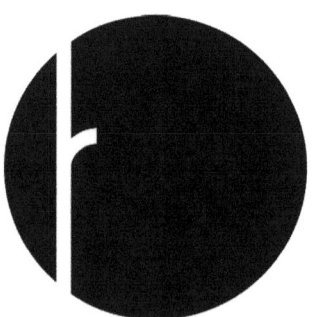

—Te afanas en un proyecto sin conclusión ni meta y, cuando descubren tu afán, les gritas que están locos, estáis locos.

Yo misma digo que navegas sin rumbo y tú sonríes, chapoteando en el vacío.

—You toil in a project without end or goal and, when they discover your eagerness, you yell at them that they're crazy, you all are crazy.

I say you sail without direction, and you smile, splashing in the emptiness.

f

—Más elocuente que tu voz, tu gesto; y más que un gesto tuyo, tu presencia —que contiene el gesto de tus gestos.

De tu hablar, tu duda; de tu seguridad, su corte súbito. Un balbuceo dice más que mil palabras.

—More eloquent than your voice, your gesture; and more than a gesture of yours, your presence —which contains the gesture of your gestures.

From your talking, your doubt; from your security, its sudden interruption. Babbling says more than a thousand words.

—Sabes que te eludes, que tu avance y tu caída se compensan, que no hay paso que te lleve al centro ni eje que atraviese tu distancia.

Deja que lo diga: basta con soltar para que todo salte. Si el empeño es resistencia, el que deja de insistir todo lo alcanza.

—You know you elude yourself, that your advance and fall negate each other, that there's no way to carry you to the center and no axis crossing your distance.

Let me say it: a release allows everything to recede. If effort is resistance, the one who stops insisting achieves everything.

h

—Miedo cuando nada sepas; ahora puedes olvidar. Quien habla o escribe no comprueba el sentido; que quien oiga sume o sustraiga.

Sé la voz que te habla al oído; la voz de la voz a la que responde un eco.

Nada que temer ya que sabes quien te habla.

—Fear when you know nothing; now you can forget. Whoever speaks or writes doesn't confirm the sense; may anyone who hears add or subtract.

Be the voice speaking to your ear; the voice of the voice to which an echo responds. Nothing to fear now that you know who speaks to you.

—Para que lo sepas, para nada. Así que olvida lo del cómputo silábico.

Si no entiendes, estás mudo o tienes cera en los oídos. Deja de fingir y da lo dado.

—So that you know it, useless. So you forget the syllabic calculation.

If you don't understand, you're either dumb or there's wax in your ears. Stop pretending and give what's given.

—Una fe más frágil que la voz: quiébrala y dale sentido, porque romper y decir son hermanas gemelas.

Calla para que el decir diga. Habla para que no lo ocupe todo nada, para que no te encubra el silencio.

—A faith more fragile than the voice: break it and give it sense, because breaking and saying are twin sisters.

Be quiet so the saying says. Talk so nothing doesn't occupy everything, so silence doesn't cover anything.

—Te recuerdo que eres débil, solo un poco más que nada, para que no temas el temor en el que el vivo; para que dejes de dudar, para que cantes.

—I remind you that you're weak, only a little more than nothing, so you don't fear the shaking I inhabit; so you stop doubting, so you sing.

—No pierdas tiempo con lamentos: oye. Tu oído llora mejor, tu queja llega a ti de boca en boca; ni la repitas ni la cambies: aprende a dialogar con ella.

—*Don't waste time with laments: listen. Your ear cries better, your complaint comes to you from mouth to mouth; don't repeat or change it: learn to speak with it.*

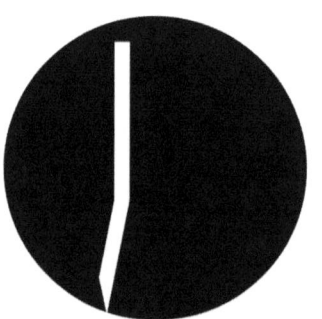

—Me repito, vuelvo sobre las palabras como vuelven sobre sí las estaciones.

La certeza es responder como quien nada entiende, como si nunca antes hubiese habido respuesta.

—I repeat myself, coming back to the words like the seasons come back to themselves.

Certainty is responding as someone who understands nothing, as if there had never been an answer before.

—Mientras escuchas eres más y cuando dejes de escuchar la voz se enterrará en tu oído.

Cegado por tu cercanía pierdes de vista el ver. Deshacerse en dos, o reflejarse, es estar vivo.

—While listening you are more, and once you stop the voice will bury itself in your ear.

Blinded by your nearness you lose sight of the view. Dissolving in two, or reflecting yourself, is being alive.

—Sigues escuchándote y te espantas: en tu propio oído, y ajena a ti, tu destrucción habita.

Atrapada en las mandíbulas de un eco, entre la necesidad de ti y la necesidad de tu ausencia. Entrégate y te pierdes, o niégate a entregarte y te engañas.

—You keep listening to yourself and become frightened: in your own ear, unperceived, your destruction lives.

Trapped in an echo's jaws, between the necessity of you and the necessity of your absence. Surrender and lose yourself or refuse to surrender and be fooled.

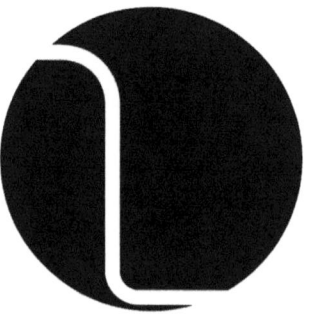

—Un ciclo más breve que el vaivén con el que dice adiós tu mano, en él oscila tu sentir como en un largo viaje.

Principio y fin, puntos iguales; vacilas y en la vacilación te diferencias. En esta voz, no más, te identificas.

—A cycle shorter than the waving of your hand saying goodbye: in it your feeling oscillates like on a long trip.

Beginning and end, equal points; you hesitate and in the hesitation, you distinguish yourself. In this voice, and nothing else, your identity appears.

—Cada silencio, una amenaza; y las palabras, la venda con que ocultas tu impaciencia.

No se consume el dilema en el que ardes, el fuego y el dolor te dan la vida. Esfuerzo de estar: pugna del hablar contra el sentido.

—Each silence, a threat; and the words, the bandage to hide your impatience.

The dilemma you burn in doesn't boil away, the flame and the pain give you life. Effort of being: struggle of talking against the sense.

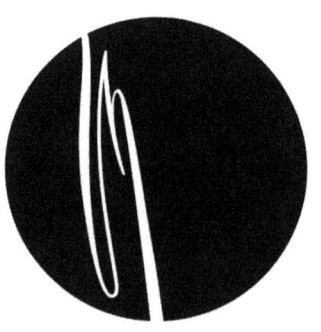

—Habla de ti a quien te escuche. Tu lengua dice la lengua de otro, dice que otro dice y que en lo dicho estás, sin duda.

Aunque su oído no oiga, aunque quepa solo en él el eco adormecido de esta voz, habla a quien te escucha; no te mientas.

— Talk about yourself to anyone who listens. Your language says the language of another, says that another says and in the said you are, undoubtedly.

Although your hearing doesn't hear, although only the sleepy echo of this voice fits there, talk to whoever listens; don't lie to yourself.

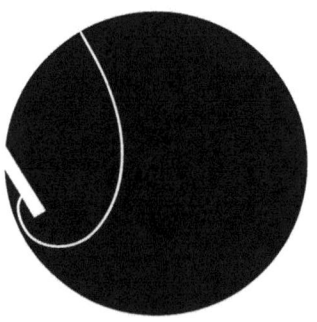

—Escuchas la voz que repite una voz alejada del tiempo.

A veces por ella sabes lo que ocurre en ti; a veces solo entiendes que esa voz, como tu propia voz, quiere hacerte compañía.

—You listen to the voice repeating a voice estranged from time.

Sometimes you know what occurs in you because of it; sometimes you just realize that voice, like your own, wants to keep you company.

—Hablas de él pero eres incapaz de mencionarlo. Solo hablas de él, repites varias veces lo que tiene semejanza con su nombre, y luego olvidas, preocupada por hallar comparaciones nuevas.

—*You talk about him but you're incapable of mentioning him. You talk only about him, repeat whatever sounds like his name a few times, and later forget, worried about finding new comparisons.*

—Guarda silencio. Mientras tu voz esté reñida con su voz, vuelca tu cuerpo sobre quien no escucha. Luego, entrañada su verdad, habla con él como a quien nadie escucha.

—Be quiet. While your voice is incompatible with his, give your body over to whoever isn't listening. Later, his truth entailed, talk to him as if to someone no one listens to.

—Muestras lo que eres como quien se desdobla y la indiferencia de quien mira corta tu tela.

Repliégate en la adversidad y en cada doblez concentra tu orgullo.

—You display what you are like someone unfolding and the indifference of the onlooker cuts your cloth.

Fall back into adversity and in each fold concentrate your pride.

—El deseo que se instala en ti te multiplica; es agua que barniza de sol los adoquines. Confúndete en el resplandor que ciega y haz de la calle y de tus ojos agua donde tu deseo habita.

—The desire settling down in you multiplies you; it's water burnishing the cobblestones with sun. Disappear in the blinding glare and turn the street and your eyes into water where your desire lives.

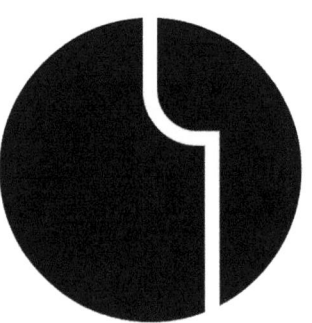

—Algo sabes ya, algo has aprendido:

A escuchar los vencejos, a seguir su firma anodina. A no pesar la bondad con prisa. A confundirte con los que nunca dejarán su sitio. A no mirar para otro lado cuando el sol te ofrezca su copa; a no renegar de nada, ni siquiera de ti misma.

—Something you already know, something you've learned:

To listen to the swifts, to follow their bland signature. To not weigh goodness hastily. To mingle with those who will never leave their place. To not look away when the sun offers you its glass; to not renounce anything, not even yourself.

—Dudas, te sientas al poniente a deshojar el día y piensas: "Vuelvo como el sol al mismo sitio".

Esperas de la rebelión un nacimiento y de la esperanza el fin de la angustia; pero llega la tarde y lo ves caer, y vuelves a deshojar el día.

—You doubt, you sit at dusk to pluck off the petals of the day and think: "Like the sun, I return to the same place."

You expect from rebellion a birth and from hope the end of anguish; but the afternoon comes, you see it fall, and again you pluck off the petals of the day.

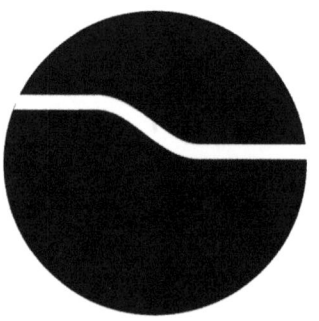

—Acércate a la orilla donde el agua dulce pace y sueña que el agua dulce te lleva.

Entra en la corriente y al salir te verás, sumergida en el paisaje de tu propio mirar, mirándote.

—Go toward the shore where sweet water grazes and dream that the sweet water carries you away.

Go into the current and when leaving you will meet yourself, submerged in the landscape of your gaze, gazing at yourself.

APÉNDICES
~
APPENDIXES

SOBRE LAS DIVERSAS FORMAS DE CONSULTA

La presente edición subraya la posibilidad de una lectura oracular de esta obra, entendido que los oráculos consisten sobre todo en la respuesta obtenida a partir de la interpretación de ciertos signos; aquí quienes lean no solo lanzan la pregunta, sino que también la resuelven en base a los textos.

Facilitamos el acceso a estos poemas mediante la elección de los iconos desplegados en los índices con que se abren cada una de las series porque esta fórmula hace la lectura particularmente significativa al surgir de la necesidad de aclarar un interrogante. Las imágenes actúan como tal interrogación; la elección de los iconos indica el deseo de obtener respuesta; el poema se la ofrece, pero no antes de que se interprete de acuerdo a un recurso que quienes lean ejercitarán de forma singular: la capacidad para asignar sentido a lo leído.

Este proceso también se desencadena, con algunas salvedades, cuando se emprende una lectura consecutiva y lineal de los poemas, gracias sobre todo a la naturaleza de los textos y al diálogo que estos establecen con las imágenes —y con quienes los lean.

Además este libro ofrece otras posibilidades para llevar a cabo su consulta:

1. Se pueden establecer identificaciones entre los poemas y ciertas personas a las que se supondría dirigidos o de las que podrían proceder. Esta filiación se debería constituir siguiendo algún tipo de preferencia, concomitancia o atracción propuesta por quien lleve a cabo la consulta. Se trataría en este caso de una lectura tipo "horóscopo", en la que cada mensaje tiene un destinatario elegido de acuerdo, por ejemplo, a ciertos rasgos de su personalidad. El autor ofrece una muestra de esta posibilidad en el apéndice titulado "Identificaciones".

2. A cada uno de los veintisiete poemas de la sección titulada "La voz del oído" se les ha asignado una de las letras del alfabeto castellano. Así, podrían leerse mediante la elección de alguna de ellas, bien eligiendo al azar, o bien haciéndolo por asociación con la primera letra del nombre de una persona dada. De este modo esta serie de poemas funcionaría a la manera de una agenda personal de direcciones o de teléfonos, y los poemas a modo de un mensaje dejado para el lector por cada una de sus voces.

ON THE VARIOUS METHODS OF CONSULTATION

Among the possible ways to read this book, this edition stresses an oracular one, though oracle here is understood to consist of the answer obtained through the interpretation of certain signs. In this case, the reader not only poses a question but also answers it through the text.

That is why we are encouraging access to the poems by choosing the icons displayed in the graphic indexes with which each of the series of the book opens. This formula makes the reading particularly significant as it arises from the need to clarify a question. The images act as such as an interrogation; The choice of an icon linked to one of the beings that give voice to the poems. Each poem is an option; choosing indicates the desire to obtain an answer; the poem offers it, but not before it is also interpreted according to a resource that each reader exercises in a singular fashion: the capacity to make sense of what is read.

This process also emerges, with some exceptions, when one undertakes a consecutive, linear reading of the poems, due to the nature of the texts and the dialogues they establish with the images —and with each reader.

This book also offers other possibilities for consultation:

1. One can identify the poems with either the person to whom the poems could be addressed or the person who inspired the poems. This relationship should be constructed according to some sort of preference, accompaniment, or attraction proposed by the reader. In this case it would therefore be a "horoscopic" reading in which each message has an addressee selected, for example, with respect to certain personality traits. The author offers an example of this possibility in the appendix entitled "Identifications."

2. The twenty-seven poems from "The Voice of Hearing" have each been assigned a corresponding letter of the Spanish alphabet. They could be read by selecting some of them either randomly or by associating them with the first letter of someone's name. In this way the series would act as an address or telephone book, and each poem would be the message left for the reader by each voice.

SOBRE LAS IMÁGENES

Todas las imágenes del libro han sido trazadas por Pedro Núñez con elementos del sistema tipográfico Super Tipo Veloz creado por el impresor catalán Joan Trochut (1920-1980) y producido originalmente en 1942. El sistema consistía en una colección de tipos combinables de plomo que han sido digitalizados y puestos a disposición de los internautas por iniciativa de Andreu Valiu, como se cuenta en *superveloz.net*. Estos elementos se han convertido aquí en el alfabeto/paleta del que surgen todas las imágenes.

Fábula constituye la segunda aproximación al diálogo texto-imagen de sus autores fundamentada en estos elementos tipográficos. La primera colaboración dio como resultado la reedición ilustrada del poemario *Índice* publicado en Madrid en 2011. Estos dos libros continúan el proceso de colaboración entre Pedro Núñez y Benito del Pliego que comenzó hacia 1993 en Madrid en el marco del colectivo Delta 9 que, entre otras cosas, hizo posible la publicación de *Fisiones,* un libro de poemas estructurados a partir de imágenes de Núñez. La primera edición de *Fábula* apareció en Badajoz, España, en 2012 y fue diseñada en estrecha colaboración con los editores de Aristas Martínez —Sara Herculando y Cisco Bellabestia— y proporciona el modelo que guía esta nueva edición bilingüe.

ABOUT THE IMAGES

All the images in the book have been traced by Pedro Núñez using elements of the Super Tipo Veloz typographic system created by the Catalan printer Joan Trochut (1920-1980) and originally produced in 1942. The system consisted of a collection of combinable lead typefaces that have been digitized and made available to Internet users, as reported on superveloz.net. *These elements have become the alphabet/palette from which all the images in this book emerge.*

Fábula *is the second approach to the text-image dialogue of its authors based on these typographical elements. The first collaboration resulted in the illustrated edition of the collection of poems* Índice *published in Madrid in 2011. These two books continue the process of collaboration between Pedro Núñez and Benito del Pliego that began around 1993 in Madrid within the Delta 9 collective which, among other things, made possible the publication of* Fisiones, *a book of poems structured by Nuñez's images. The first edition of* Fábula *appeared in Badajoz, Spain, in 2012 and was designed in close collaboration with the editors of Aristas Martínez —Sara Herculando and Cisco Bellabestia; that book provides the model that guides this English edition.*

RECONOCIMIENTOS

El agua: "Siempre por el camino de menor resistencia". *I Ching. Libro de las mutaciones.*

El dado: "El resto del poema es el futuro, que existe fuera de vuestra percepción". *Poemes Civils,* Joan Brossa. "En el destino, no en el dado de oro". *Poemas Humanos*, César Vallejo.

Los huesos: "Afuera lo blando, lo blando afuera es propicio" es paráfrasis del *I Ching. Libro de las mutaciones.*

El lobo: "Aléjate de los demás y te contaré los misterios del Reino". *Evangelio de Judas.*

La fábula de El cordero surgió a partir de la siguiente cita de Benito Pérez Galdos (*Nazarín*), parafraseada al final del texto: "Ser león no es cosa fácil; pero es mucho más difícil ser cordero".

ACKNOWLEDGEMENTS

The Water: "Always by the path of least resistance." I Ching. Book of Changes.

The Die: "The rest of the poem is the future, which exists outside of your perception." Poemes Civils, Joan Brossa. "In destiny, not in the golden die." Poemas Humanos, César Vallejo.

The Bones: "Outside the soft, the soft outside is favorable" is a paraphrase of I Ching. Book of Changes.

The Wolf: "Step away from the others and I shall tell you the mysteries of the kingdom." The Gospel of Judas.

The fable of The Lamb arose from the following quote from Benito Pérez Galdos (Nazarín), which is paraphrased at the end of the text: "It isn't easy being a lion; but it is much more difficult to be a lamb."

IDENTIFICACIONES

En el momento de su escritura (a veces concebida como respuesta a textos de ciertos autores) o en alguna de las lecturas consultadas de *Fábula* que se han celebrado (en las que se pedía que los asistentes eligieran alguno de los seres que dan voz a los poemas) han surgido las siguientes identificaciones entre cierta persona y el sujeto de la fábula. Los lectores quedan invitados a establecer las suyas.

IDENTIFICATIONS

At the moment of its composition (sometimes conceived as a response to texts of certain authors) or in one of the public readings of Fable *(where audience members were asked to choose one of the beings that give voice to the poems) the following identifications have arisen between a certain person and the subject of the fable. Readers are invited to establish their own.*

la araña / the spider: Antonia Castaño
el buey / the ox: Andrés Fisher
el buitre / the vulture: Niall Binns
el burro / the donkey: Christopher Winsor
el caballo / the horse: Augusto Monterroso
el cazo / the pan: Pedro Núñez
el cordero / the lamb: Antonio Cordero
el dado / the dice: Joan Brossa
la escalera / the staircase: Roberto Juarroz
el estiércol / the manure: Óscar Curieses
el gato / the cat: Allison Lipscomb
el grillo / the cricket: Alejandra Jaramillo
la hormiga / the ant: Teresa Cerda
los huesos / the bones: Rodolfo Franco
el lobo / the wolf: Carmen Camacho
el loro / the parrot: Daniel Scheiffer
el mar / the sea: Roger Santiváñez
la nieve / the snow: Marcos Canteli
el olivo / the olive tree: José Viñals
el piojo / the louse: Peru Saizprez
la rana / the frog: Ennio Moltedo
la sal / the salt: Mariano Peyrou
la sombra / the shadow: Juan Eduardo Cirlot
el sombrero / the hat: Marta del Pozo
la tortuga / the tortoise: Nacho Fernández
la ventana / the window: Forrest Gander
los zapatos / the shoes: César Vallejo

BENITO DEL PLIEGO (Madrid, Spain, 1970) is a poet, translator, and professor based in North Carolina. He is the author of numerous poetry books; his latest, *Integral —dietario reunido*, was recently published in Virginia by Editorial Casa Vacía. In Spain, during the 90's, he cofounded the graphic arts and poetry collective Delta 9. He has collaborated extensively with artists and musicians. His poems have been included in anthologies such as Forrest Gander's *Panic Cure. Poetry from Spain for the 21st Century,* and Mónica de la Torre and Cristián Gómez's *Malditos latinos malditos sudacas. Poesía iberoamericana made in USA*. Along with Andrés Fisher, he has also done translations —to and from English— of poets such as Lew Welch, Philip Whalen, Michael McClure, Gertrude Stein, and Antonio Gamoneda.

PEDRO NÚÑEZ MARDONES (Santiago de Chile, 1958) is a self-taught visual artist and has developed a prolific work through installation, engraving, drawing, sculpture, and paper manipulation. He ventured into this field in the nineties with the collective Delta 9, of which he was co-founder. He has held individual and group exhibitions in Spain and Chile. He is a regular collaborator on projects with the architecture studio of Marc García Durán Huet, in Barcelona, and curator of numerous artistic projects. He currently resides and works in Madrid, Spain. His Instagram account is @pedronunezmar.

SAM CARTER teaches at Dartmouth College. His work has appeared in publications such as *The Guardian*, *The New Republic*, *Public Books*, and the *Southwest Review*. He has also served on the editorial staff of the translation journals *Asymptote* and *Barricade*.

Your Words Matter

Your Words Matter

Your Words Matter

www.ingramcontent.com/pod-product-compliance
Lightning Source LLC
Chambersburg PA
CBHW051559010526
44118CB00023B/2749